En este rincón de onirias

KAREN MEDINA

Copyright © 2024 Karen Medina

Todos los derechos reservados.

ISBN: 9798303759749

DEDICATORIA

A los corazones que aman, sufren y vuelven a brillar, a quienes habitan las intersecciones del mundo, donde el dolor y la esperanza encuentran su danza eterna.

A ti, madre y padre que me has sostenido en los momentos más oscuros, que has sido luz y sombra, sonrisa y tormenta.

A mi mejor amiga, cuyo abrazo ha sido refugio en las tormentas y cuyas risas iluminan hasta las sombras más densas

A mi amado, cuyas manos morenas construyen un refugio para mi alma errante y cuyas palabras son bálsamo para mis grietas.

A quienes se han atrevido a ser vulnerables, a llorar y reír en la misma calle, a crear mundos nuevos con el polvo de sus sueños rotos.

Y a mí misma, porque en cada verso he encontrado una parte de mí, una verdad que no sabía que existía, un grito que, en el silencio, aprendió a ser canción. Gracias a la vida por darme el don de sentir, de vivir en el límite de las palabras y de transformar el dolor en un mapa que guía hacia la magia que nace en las sombras.

Y a todos los que han habitado alguna esquina de mi vida: a quienes me enseñaron la dulzura del amor y el peso de la ausencia, a los que rompieron y repararon mi corazón, y a las manos invisibles que sostuvieron mi magia cuando tambaleaba.

"Mi tristeza tendrá un color amarillo,

la sonrisa fingida de los domingos,

la risa mustia de las tortugas."

-Ana S. Monreal

PRESENTACIÒN

"Ridículamente" sensible.

Con la connotación negativa que impone esa etiqueta,

una etiqueta que no he decidido ponerme, si no con la que nací.

Sin embargo, es algo que me define, me define cada día.

Y así, decido crecer con el miedo constante de verme reflejada

en la mirada de otros, que no pueden llorar al ver el cielo.

Y me escondo en jardines momentáneos, que surgen de mi mente, y bailó con

los ojos, con las flores que nacen de mi respirar.

Un respirar agitado, presuroso, fuera de tiempo con el mundo,

con la vida y con mi ser.

Qué bello es fluir a mi propio tiempo, aunque eso me marque como la que va "a destiempo", la que no tiene cabida, la que parece que, sí sus pisadas no

crecen en crescendo, no merece un lugar, ni color en su voz.

¿Cuántos colores se pierden?

Si me dieran la oportunidad,

les enseñaría a sembrar miradas,

a sentir el perfume de las flores en el corazón,

a bailar con la esperanza

de fundirse, sólo y sola,

con el temperamento inestable del viento.

Así entenderían

que no hay caos más bello

que aquel que evoca libertad,

rebelión, desobediencia,

ternura y ambición.

Pero sólo las valientes,

de castañas pestañas y brillantina en los párpados,

podrían atreverse a amar la nada.

¿Qué es la nada?

Un desierto lleno de luz,

nopales morados,

riachuelos de agua sucia,

y liebres de gris plateado

que presumen su pelaje bajo la luna.

Yo vengo de ahí, de todos los desiertos

donde no creen que haya nada.

No por nada mi madre se llama Esperanza.

¿Qué destino sería el mío

si no hubiera nacido de esa estrella protectora,

con la consigna de ser un copo más de nieve de ese año,

de esa luna, de ese abrigo blanco y frío

que forjó mi ascendente y mi ser?

Vengo más allá del agua,

con los pies resecos de talón a talón,

donde con las lágrimas de cada adiós

he regado todas mis flores.

Me han brotado palabras,

palabras que acarician, que besan,

que alimentan, que transforman, que matan.

De esas muertes surgen campos llenos de sueños,

que sustituyen las cuerdas de la ideación.

Y brotan las astromelias,

vistiéndome cada agosto,

moldeando una sonrisa irónica

que me dice en cada amanecer:

"Ya casi llega el fresco",

"Ya podemos ir por café".

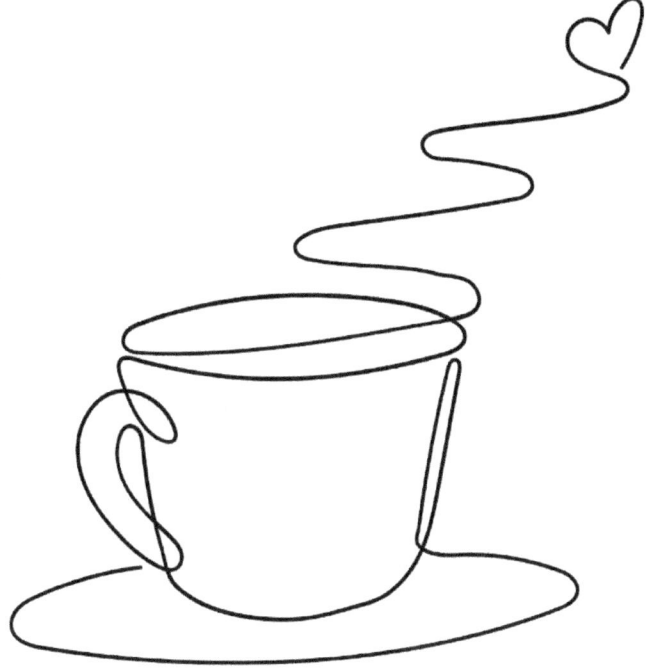

ESTRELLAS LÍQUIDAS

En las onirias, el cielo no es solo cielo,

es un corazón abierto que llora constelaciones,

un espejo líquido donde los sueños dejan su reflejo.

Los gatos lo atraviesan con pasos de humo y sombra,

sus ojos, faroles antiguos, alumbra senderos olvidados.

Cada rincón respira una magia susurrada,

como si el aire naciera de un pacto secreto entre el tiempo y las flores.

Las calles, tapizadas de hojas azules,

cantan una canción que solo entienden los que saben mirar.

Hay árboles que alzan sus ramas como plegarias,

y de sus venas brotan racimos de estrellas líquidas,

cada gota una memoria que el cielo olvidó guardar.

Los gatos las lamen,

y con cada sorbo beben la eternidad.

En este lugar, la vida no camina, flota,

y todo —absolutamente todo— parece estar naciendo:

las raíces tiemblan como corazones primeros,

las piedras suspiran al descubrir su propio peso,

y las flores del alma abren sus pétalos de luz,

entregando su fragancia a quienes saben detenerse.

Del corazón brotan mariposas doradas,

sus alas trazan palabras que nunca aprendieron a caer.

La piel se vuelve tierra fértil,

y de ella nacen huellas que cantan,

canciones que se derriten como cera bajo la luna.

Los gatos ronronean su alabanza a los cielos,

y en cada ronquido invocan constelaciones nuevas,

paisajes que no estaban ahí hasta que alguien creyó en ellos.

Todo se siente como el primer aliento del mundo,

como si el cosmos respirara por primera vez.

Y al final, en las onirias,

todo regresa a su origen:

la mirada inocente,

la mano que toca como si descubriera,

y el corazón que, latiendo,

planta flores de fuego en un jardín eterno.

EL CIELO NO TIENE NOMBRE

Él no está en el cielo,

está en los murmullos de las ramas que caen en invierno,

en la sombra interminable de las montañas,

en los ríos que se secan antes de llegar al mar.

Es un padre que no se deja ver,

que habita en los pliegues del tiempo,

que camina descalzo por los caminos de la memoria.

Sus anillos no son de hielo ni de roca,

son huellas de pasos antiguos,

cicatrices de sueños que alguna vez quisieron ser,

sueños que ahora giran en espirales silenciosas,

dibujando mapas que nadie ha aprendido a leer.

Yo soy su hija, nacida del polvo que dejó el último eclipse,

de la luz que los gatos atrapan en sus ojos

cuando la noche está más sola.

En mi sangre corren los colores de sus legados:

el oro pálido de las promesas no cumplidas,

el azul hondo de los secretos no contados,

el gris impenetrable de los silencios perpetuos.

Saturno me habla cuando el mundo duerme,

en susurros que se filtran por las grietas de las casas viejas,

en las pisadas de la lluvia que no llega al suelo.

Me enseña que el tiempo no es un río,

sino un laberinto donde las paredes se mueven

y los caminos regresan siempre al mismo lugar.

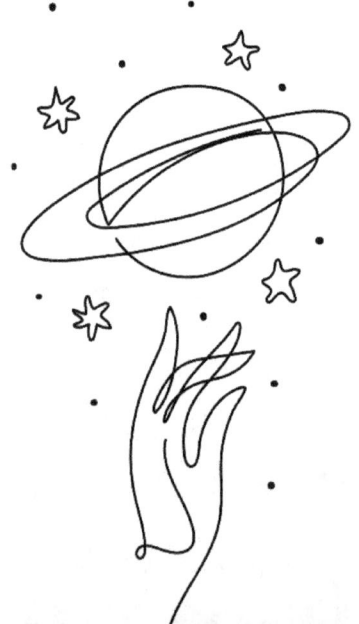

AUSENCIAS ROSÁCEAS

Hoy recuperé el cielo rosa que un día fue tuyo,

el que dibujé con manos temblorosas para envolverte.

Estar sin ti es como caer en un abismo eterno,

sin saber si el suelo llegará en un minuto

o en cien años más.

Así de densa era tu ausencia,

incluso mientras tu cuerpo permanecía cerca.

Llorar a tu lado, en la misma cama,

era escuchar el eco de un vacío.

Tú ya no estabas, aunque seguías ahí.

Me aferré al recuerdo de lo que fuimos,

a esa imagen que mi amor creó,

te vistió, te idealizó.

Pero las lágrimas que tragué

se volvieron un peso que me hundía,

que nublaba la verdad ante mis ojos.

Mis colores, antaño vívidos,

se desdibujaron en tonos pastel

hasta desvanecerse en el gris del grafito,

el color de la indiferencia,

el color de las heridas que sangraban

bajo cada palabra que desgarraba nuestra piel.

No quedó más que borrarte.

Cambiar de página,

dibujar un cielo nuevo,

reclamar el que alguna vez te entregué.

Porque si no me abrazabas al dormir,

tampoco guardaste el cielo que fue "nuestro."

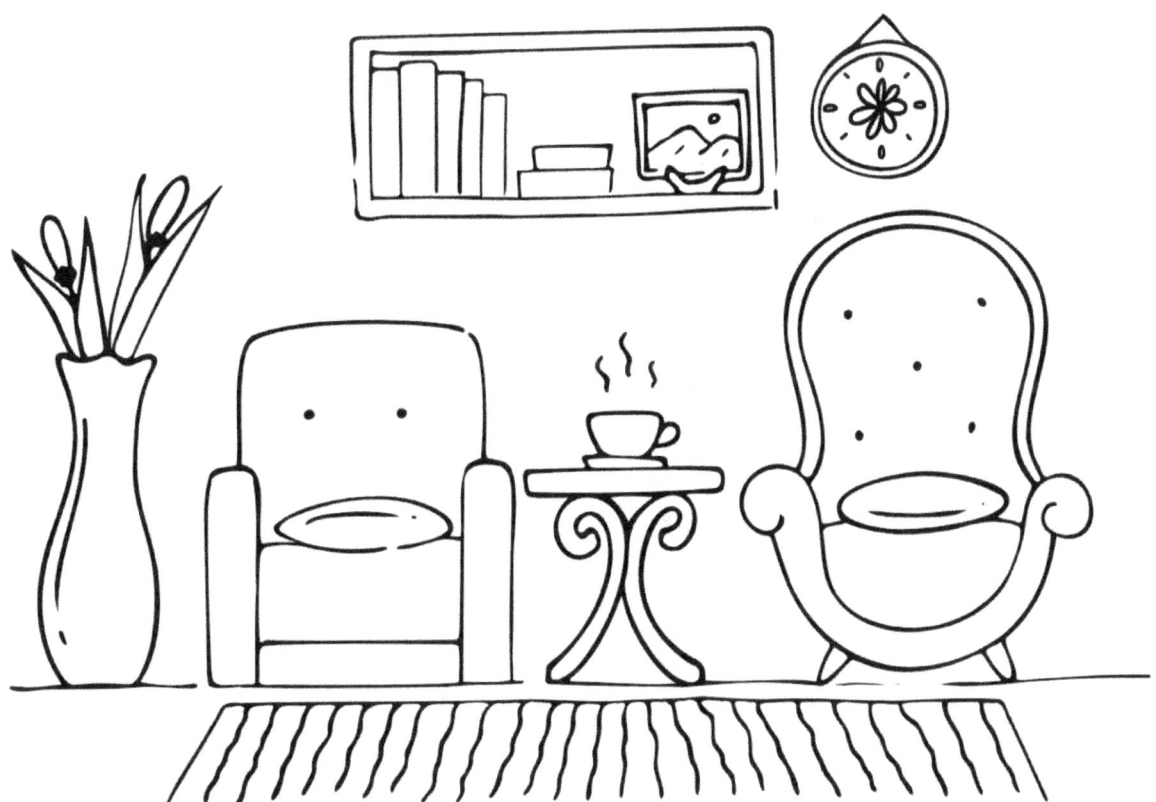

PAREDES SUCIAS

Estas paredes sucias y torcidas me regalaron esperanza

donde no podía encontrarla.

Hubo un tiempo en que no podía hablar con los árboles,

ni escribir, porque la tristeza me ahogaba.

Me consolaba crear historias en cada piso

que mi vista miope podía al canzar,

imaginando cómo las tenues lámparas alumbrarían

si todo estuviera en la más completa oscuridad,

y lo cálido que se sentiría.

Hoy, al regresar del café de siempre pasé nuevamente por allí.

Me senté una vez más,

y recorrí todas las emociones,

todas las canciones tristes que alguna vez resonaron en ese lugar.

Creo que las paredes sucias están felices de verme bien,

con un ambiente frío que ya no me duele,

un labial rojo carácter y un suéter que ahora tiene color.

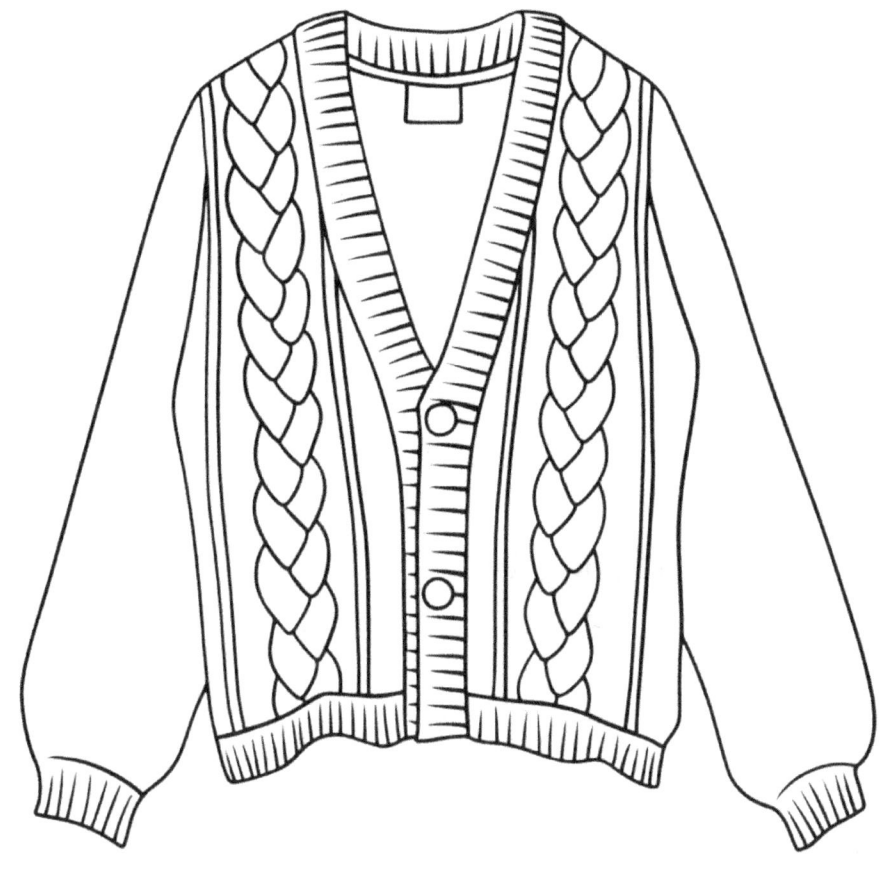

ERBE VERDE

En medio del olor a tierra mojada y hojas a medio caer,

proclamaste tu presencia, tu belleza, en este mundo.

Arrancaste lo verde y vivaz de todos los árboles a tu alrededor,

y por un instante recordé el porqué de tu color favorito:

es tan sencillo de entender... ¡es porque eres tú!

Tan completa, tan llena de luz, entereza y fuerza,

tan viva, tan tú... tan verde.

Un verde que contrasta con el café profundo de tus ojos,

como un sauce que se balancea al viento.

Tu sola presencia conmovió cada parte de mi cuerpo,

y en el tan esperado abrazo,

se fundieron todas las risas y los sueños de años atrás,

todas las palabras que nunca fueron dichas,

todos los abrazos no regalados,

y los besos que nunca llegaron…

Se manifestaron entre las moreras y la Calle Independencia.

Y allí, en ese preciso lugar,

con tus ojos que iluminaban el asfalto,

me quedo, lodo claro,

pues la amistad enraíza donde las mujeres jamás mueren.

Que sus sueños adornan las calles,

que sus voces retumban como tormenta de julio,

que su perfume envuelve lugares enteros,

y regala esperanza,

que sus abrazos cobijan el sueño de las que soñamos despiertas.

Las mujeres no se apagan,

no se marchitan,

las mujeres no mueren,

y tampoco muere nuestro amor legítimo por otra mujer.

Mujer amiga, mujer hermana, mujer.

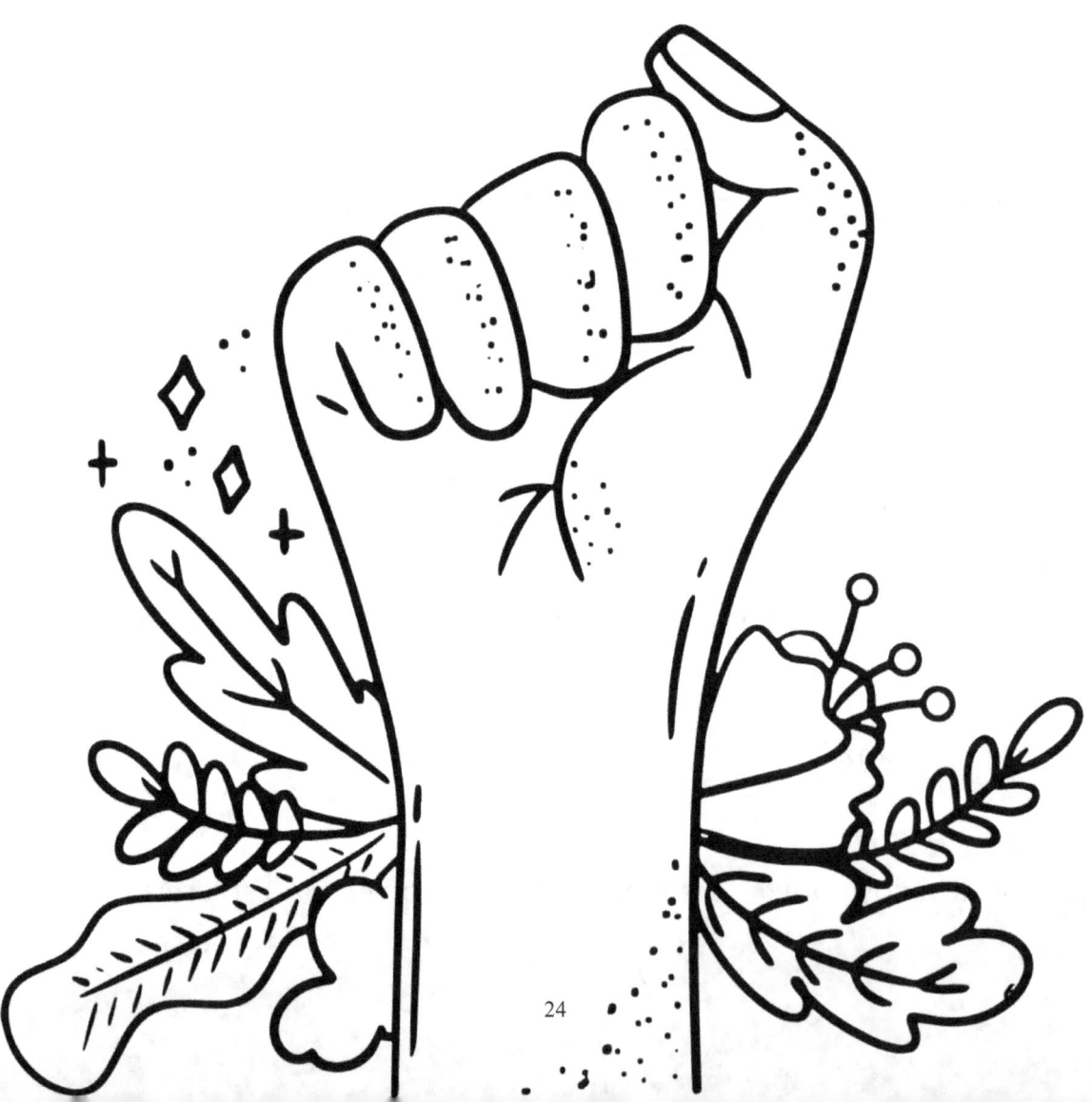

LO QUE NO SERÁS

Ha pasado ya algún tiempo desde que a ti recurrí,

tu imagen y esencia hoy se me vuelven difusas.

He dejado de buscar tu mirada en el mundo,

poco a poco, la esperanza de sentirte aquí se apaga.

Pero aún indago en tu mente inexistente,

la que nunca conocí, aunque amo nadar en ella.

Ya supe que el negro no es tu color predilecto,

y que también sabes llorar, como yo lo hago.

Que la vida, en su cruel ironía, es más burla que gozo,

y que, al igual que yo, vives de placeres, no de prioridades.

También eres solo uno, sin un dos que te complete;

y está bien, porque no lo necesitas para ser tú,

no porque no te creas entero, sino porque no crees merecerlo.

Pero, ¿cómo será tu ausencia?

¿Cómo se lleva el peso de lo que nunca llegó a ser?

A veces creo que aún te busco, entre sombras y ecos,

que tal vez, en algún rincón del alma, sigues allí,

esperando a que te descubra por fin,

como una estrella que nunca dejé de observar.

Y, sin embargo, cada intento se disuelve

en el frío abrazo de la indiferencia,

como un suspiro perdido en la vastedad de un universo

que no tiene memoria de los ausentes.

Quizá nunca te conocí de verdad,

o tal vez, simplemente, te perdí en algún olvido

del que no puedo regresar.

Hoy ya no sé si esperarte,

o dejar que el olvido te devore por completo,

como una ola que borra huellas en la arena.

Lo único que sé es que el vacío se ha hecho eco,

y que tu nombre, algún día, será solo

un eco lejano en la distancia

de lo que podría haber sido, y ya no será nunca.

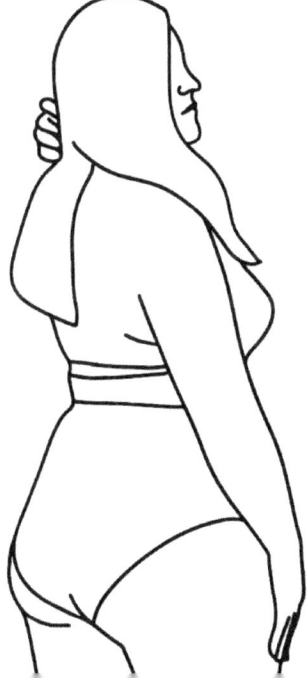

BESOS DE VIOLENTA BRISA

Dentro del bullicio de esta ciudad,

te encuentro en cada grieta de banqueta,

que son como las que adornan tu abdomen y tus brazos.

En cada calle callada y tranquila

que se asemeja a la calma

que habita entre tus besos y en cada abrazo.

En las copas de los árboles a contraluz,

la misma luz envolvente de tu sonrisa.

El sonido de tu voz me cobija

como la violenta brisa que desata el viento.

Te encuentro en cada calle que he recorrido,

en cada paso que doy,

al voltear y ver mi mano vacía

donde tu esencia habitaba.

Brillos agonizantes

¿Conoces la esperanza y la ensoñación

que queda después de la lluvia a través de los colores?...

El amarillo, por ejemplo.

Hoy vi las hojas amarillas

esparcidas por todo el piso llovido de mi ciudad,

pero no era un amarillo triste,

como el de las hojas de otoño antes de morir.

Era un amarillo esperanzador,

que gritaba: "aún hay vida dentro de mí",

un amarillo que se acercaba a fundirse,

pero decidido a brillar,

parecía formarse una alfombra

de silencio y esperanza húmeda.

Una que solo estaría hasta las 5 a.m.,

antes de ser barrida por alguien más,

algún recolector de brillos agonizantes.

Así que, como eso, las usé hoy.

Puse la mejor canción en mi lista de reproducción

para caminar sobre ellas,

agradecer y fundirme en el agua también.

MARIPOSAS

Abrázame más cerca, déjame naufragar en tus brazos,

respira conmigo, como si el mundo se deshiciese en cenizas doradas.

Habita mis párpados, como estrellas que no duermen,

dibuja soles que nunca se apagan, llévame dentro,

donde las mariposas aún encuentran su nido.

Porque hoy las alas del viento se llevaron sus colores,

y la tarea de vivir pesa como un bosque inundado.

Abrázame más cerca, déjame ver el eco en tus ojos,

el resplandor que silencia los gritos del día.

Tal vez allí

pueda aprender a confiar en la danza invisible de los otros.

Pero es tan difícil para mí

ver más allá del reflejo,

descifrar la verdad

aunque lo intente.

No sé cómo vestirme de máscaras,

aunque lo intente, sonrío con las grietas de mis manos.

Es difícil para mí, tan difícil para mí.

Llévame contigo, donde el mundo se disuelva en neblina,

y no quede más que el rumor de un río lento.

Respira conmigo, déjame quedarme a tu lado,

ser el murmullo que acompaña tus días.

Porque hoy las mariposas huyeron al horizonte,

dejándome con el peso de los días marchitos.

Abrázame más cerca…

déjame sembrar raíces en tu abrazo,

donde los suspiros florecen,

donde mi corazón pueda aprender a latir sin miedo.

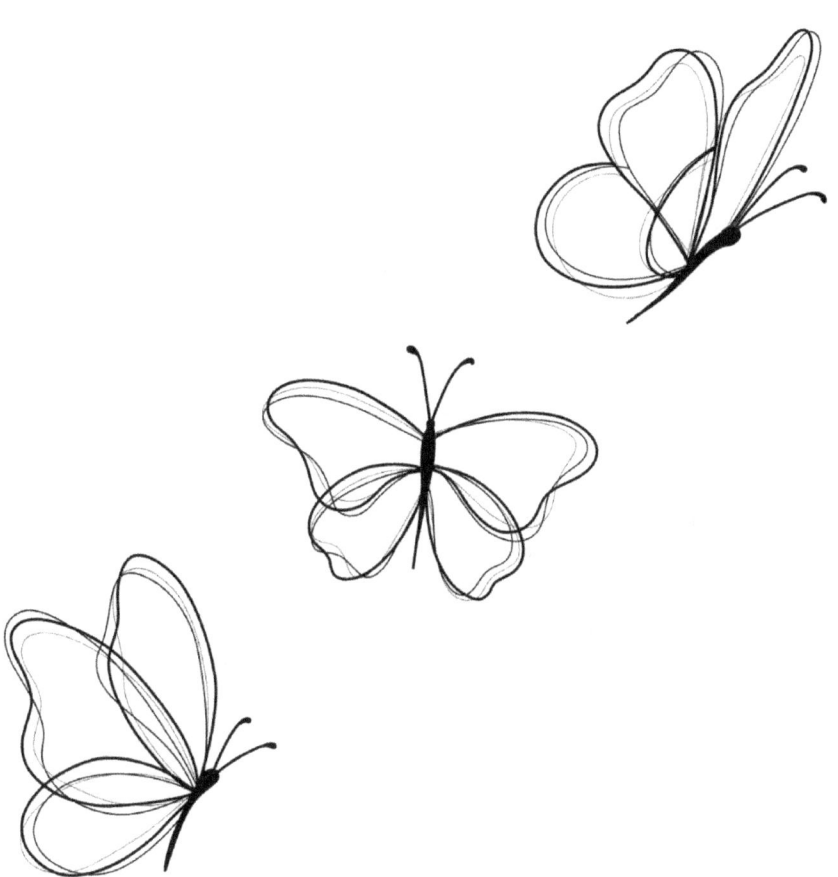

TRASLÚCIDA

A veces me pregunto si la sensibilidad,

como polvo en la niebla,

se irá con el tiempo,

sí dejará de ser esta tormenta

que no me suelta.

Ser alguien sin coordenadas fijas,

habitando intersecciones

donde otros solo ven líneas claras.

Es como ser humo en un teatro vacío,

cómo leer palabras mudas

en una lengua que nunca encaja.

Los pasos me encuentran y se me escapan,

como si el guión solo existiera

en la sombra que dejó al pasar.

Corro tras la luz, tras las sombras de los otros,

intentando atrapar algún eco,

alguna frase que me haga pertenecer.

Vivir siendo aire, sin dueño,

siempre al borde,

tan cerca de cruzar la línea.

Noviembre sabe hablarme,

su silencio helado parece entenderme

en lo que otros nunca alcanzan.

¿Por qué es tan difícil para el otro regalarme palabras?

¿Por qué el anís en mi alma sabe tan ajeno?

Tan suave, sin caer en dulzura ni amargura,

una existencia que, con el café o dulce correcto,

quizá podría ser más que una experiencia,

más que palabras comunes y estudiadas.

Me veo en mil reflejos.

Me escuchó en el eco de mi propia voz,

y cada vez me encuentro más invisible.

Tal vez es eso, tal vez es la transparencia,

ese no-color que todos saben mirar

y pasan de largo.

Me pregunto si ser transparente es no pertenecer,

sí mis palabras, al ser tantas,

se hacen aire y se disuelven.

Porque solo hablo desde este lugar intangible,

sin sostener ni ser sostenida.

Nací en febrero, en el mismo mes

donde alguien, que me prestó su nombre,

encontró en el espejo el peso de no alcanzar su propio reflejo.

Entre mil preguntas y sin respuestas claras,

mi piel todavía aguarda,

por un "sí" que logré quebrar este "no".

Vivo en la ilusión de ese cruce,

en el borde del viento que me deja afuera,

afuera de la escena,

afuera de la misma,

afuera del mundo.

CALLADA Y TRANQUILA

Disfruto de la ciudad en soledad,

un lugar cargado de memorias

y mariposas dolosas.

Sin embargo, su cielo se presta

para la onírica más despierta

más consciente.

¿Cuántas veces no habré recorrido sus calles,

llorando y riendo a la vez?

Me convence la desesperanza,

la eterna luz que despiden tus moreras.

Llueve, y parece que te ahogas

en un grito de amor no correspondido,

en el desconsuelo de quien te habita.

Tus lágrimas pesan, tus hijos lloran,

la humedad de tus canteras lo confiesa: -te has decidido a no amar jamás. -

Sola, callada, tranquila,

te escribo desde el rincón

donde habito un beso lleno de decepción.

Querer tenerte sería perderme.

Escucha los corazones

de aquellos que, con desesperanza, te gritan:

-Madre, danos una razón más. -

Tus poetas mueren

mueren por falta de ilusión y en mi caso,

mi suicidio es la esperanza de volverte a habitar.

CRAYONES GASTADOS

Huye, escapa del reflejo que nunca me pertenece,

de la vida partida en mitades, de la sonrisa doble,

del triple filo que me atraviesa cuando intento ser

lo que jamás seré, lo que jamás podría ser.

Cada paso se siente como un respiro suspendido,

mi corazón y mi alma colgando como luciérnagas marchitas

de los hilos de mis dedos.

Converse amarillas desgastadas,

caminando sobre el eco de un dolor que grita:

¿Por qué fueron tan crueles?

Mi nombre, una cicatriz en la pared,

fotos que estallan como fuegos sin calor,

palabras que se clavan en mi luz,

dejándola titilar, frágil, al borde de apagarse.

No me dejes caer al suelo otra vez,

no apagues la última chispa.

Quiero empacar mi dolor en esta mochila rota,

coser los hilos con los colores de mi sangre,

y huir…

huir con las piernas marcadas por constelaciones de heridas,

huyendo hacia un lugar donde la magia olvidada aún respira.

De este dolor, de este abismo de palabras crueles,

nacerán fuegos artificiales, llamaradas de ilusiónes

se encenderán las luces que otros apagaron.

LAURA

En el telar de los suspiros,

donde las sombras bailan al compás del viento nocturno,

Laura se pierde,

envuelta en un remolino de emociones

que danzan en la penumbra.

La tristeza, como un manto de terciopelo,

descansa sobre sus hombros,

tejiendo en su alma

un laberinto de susurros y silencios.

Su esencia secreta,

un jardín de flores silvestres oculto

a los ojos del mundo,

se despliega con cautela,

mientras combate las miradas indagadoras,

los juicios que flotan

como hojas al viento.

Son los caprichos de su alma,

las mareas tumultuosas de su ser,

las que la arrastran hacia el abismo:

un lugar donde los susurros del pasado

y los ecos del futuro

se entrelazan en un baile eterno.

Cada recuerdo, cada caricia,

es una melodía de nostalgia

que se disuelve en el viento,

dejando en su estela

un mar de lágrimas y suspiros.

En la penumbra de la noche,

con el corazón hecho pedazos

y el alma hecha jirones,

Laura busca en el horizonte

la luz que ilumine su sendero.

Anhela hallar la calma en la tormenta,

y la esperanza

en el abrazo de la oscuridad.

LEJANA

Hablo de sentirme lejana a todo,

cuando en realidad siento a todos

y a cada instante.

El murmullo del viejo café,

los ojos de desconocidos en el subterráneo

que cuentan historias sin palabras,

el olor del pasto mojado

que susurra recuerdos de lluvia.

Escucho las estrellas cantar,

melodías de consuelo y esperanzas perdidas.

El cielo, con su agresividad y su calidez,

me habla en tonos que aún no sé nombrar.

El viento, a las siete de la tarde,

recita susurros que rozan mi piel

como una lengua secreta.

Me abruma la incapacidad de expresar

todo lo que siento al ver a mis amigos sonreír,

al contemplar su dicha

que me desborda a niveles

que no caben en este mundo.

Me gusta regalar partículas de esencia cálida,

palabras de un amor que trasciende lo romántico,

me gusta estar aquí,

ser uno con el viento o la humedad,

ser el calor sutil de una flor olvidada

en un parque cualquiera.

Quisiera ser eso: un recuerdo, un sentimiento,

el cielo de las seis de la tarde,

un amarillo no triste,

el acordeón de una borrachera alegre,

un abrazo callado,

la verdad que brilla en los ojos de un infante,

la última persona que piensas al dormir.

No quiero protagonizar el cuento que escribo,

no busco el centro de la luz.

Me basta estar detrás,

sosteniendo el telón para quien quiera brillar,

porque por dentro,

ya me estoy incendiando.

Un fuego que no quema,

pero transforma.

Soy ese incendio invisible:

un calor que acompaña,

una llama que nunca pide,

solo da.

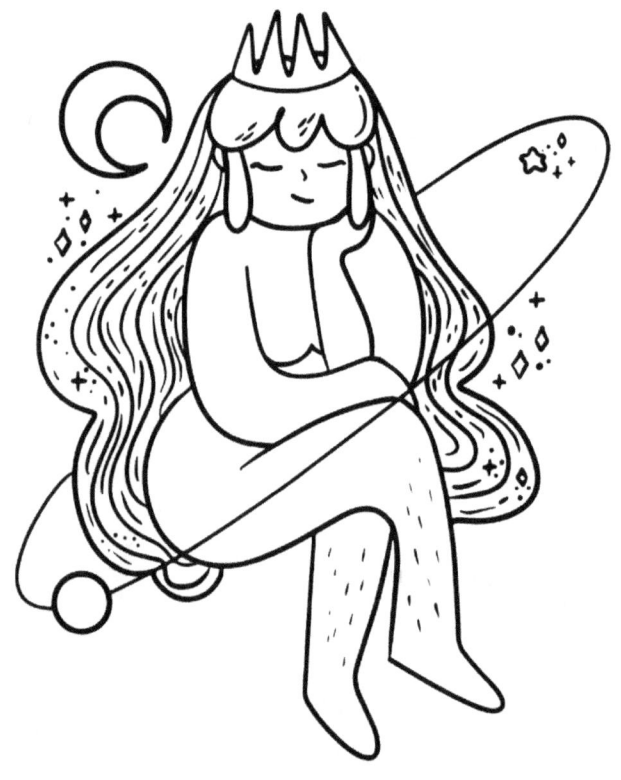

LISTONES DE AIRE

Me tocó vivir cargando el sepulcro de tu última palabra,

el eco de la última idea que sembraste en mi mente

y ofreciste al mundo como una verdad sobre mí.

Con el último sonido de fondo,

en la misma calle inmunda

donde sostuve tu mano por última vez.

Quedé muda.

Por instantes, por horas, por días…

por meses que se estiraron como décadas.

No fue solo silencio,

fue una inmersión abismal,

un chubasco de miedos que me empapó,

lágrimas que parecieron nunca secarse,

convirtiéndome en la encarnación misma

de la tristeza más cálida que se conociera.

Mis pies eran la incongruencia andando,

mi boca ya no sabía a "verdad".

Los vestidos que solía adornar

perdieron sus borlas de colores,

y mis amigas dejaron de encontrarme,

porque yo misma

me prohibí ser buscada otra vez.

Pero llegó el aire,

cargado de listones de colores que creí perdidos.

Zapatos desabrochados,

bolsillos llenos de besos extraviados

y un par de ojos, intrigosos,

que se atrevieron a prestarme su luz.

Con ese aire llegó algo más:

una caricia invisible que alzó mi rostro,

me devolvió el aliento,

y por primera vez en años,

permití que mi sombra encontrara el sol.

Porque no todo lo que se pierde

se ha ido para siempre,

y no todo lo que muere, deja de renacer.

PASOS LARGOS

Voy dando pasos largos por esta ciudad,

buscando hacer de sus calles un lugar propio.

Imagino que el rastro de lo que fuimos

se transforma en flores que cantan melodías,

melodías solo para mí.

Sus ojos nacientes, expectantes,

me reafirman, una y mil veces, mi color.

Lloran conmigo, en mis penas y alegrías,

pero lo maravilloso es esto:

con mis raíces en ellas,

ya no te lloro a ti.

Sus melodías, ahora, me recuerdan más a mí.

El bullicioso silencio de Veinte y Zarco me eleva,

me invita a explorar el fondo de mis sonrisas mejor guardadas.

Como un par de botas blancas,

me las pongo, brillantes,

y dejo que los pasos largos encuentren su ritmo,

sin prisa.

Lucen relucientes,

enfatizando una belleza que es mía:

no la de un post en Instagram,

ni la de algún aparador.

Es la melodía de un baile sin canción,

de una risa simple y sin razón,

de una tonada desafinada que aún suena sincera.

Es la belleza de los ojos de niños en vacaciones,

de una morera a contraluz,

a las seis de la tarde,

en pleno octubre.

Y tú, tú mirabas…

pero nunca observaste.

Nunca supiste que era mucho más

que un llavero para colgar en tu vida.

Fue gracias a los ojos de esas flores,

las mismas que quisiste arrancar,

qué puedo verlo:

no era para ti,

nunca lo fui.

Y si bien de amor nadie muere,

alguien que te ama puede llegar a matarte.

Por eso, los cielos rosas son ahora solo míos,

los besos en los puentes,

también para mí.

Como el sol que soy,

no buscaré más

otra luz opaca como lo es la luna.

Porque al final,

la luz que siempre busqué

estaba dentro de mí,

bailando entre las flores

que cantan por mi libertad.

GORRIONES

Podría comenzar hablando de la ilusión en sus miradas,

de los colores de sus risas que llenan el aire,

adornando el lugar como un lienzo vivo.

Aunque no entiendo sus chistes,

ni la cadencia de su hablar,

puedo capturar su esencia:

una parvada de gorriones,

alegres, cálidos,

volando juntos en una danza comunitaria.

A veces su canto me frustra,

un murmullo incesante que no logro descifrar.

Otras veces, anhelo sus alas,

quisiera volar con ellos,

ser parte de ese aleteo compartido.

Pero nací diferente,

soy más bien un colibrí:

pequeño, veloz, solitario.

Un ave que danza al ritmo de su propio pulso,

recogiendo sueños perdidos de las flores,

bebiendo el néctar escondido en los rincones.

Vivo entre el caos de los gorriones

y el rugir del asfalto de la ciudad,

mi vuelo es un vaivén incansable,

una melodía que solo yo entiendo.

Hay tantas buganvilias por besar,

un millón de colores que veo,

y que mañana tendré que explicar.

Mi mundo es un torbellino de luz,

de fragancias, de movimientos,

un eco que resuena en mi pecho inquieto.

Sé que no estoy sola.

Hay otros como yo:

pájaros que vuelan en soledad,

algunos con alas rotas,

otros con vuelos indecisos,

pero todos seguimos al viento

que mejor nos guía.

Porque al final,

No dejamos de ser pájaros.

No dejamos de soñar.

Cada aleteo, cada canto,

cada ruta trazada en el cielo,

nos recuerda que hay belleza en la diferencia,

y que incluso el colibrí más pequeño

lleva consigo el universo entero.

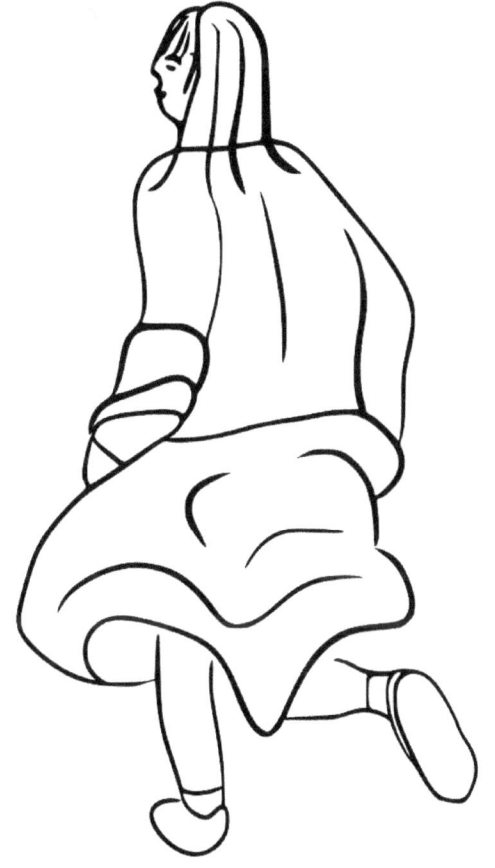

LAS FLORES SIN REGAR

Cariño, mis huesos rotos terminarán

por cansar el alma, por agotar mi voluntad.

No me dejes atrás, prisionera de tu felicidad,

no cruces sola ese boulevard.

¿Quién sentirá por ti al final del callejón?

¿Quién cuidará de mí en este bestiario de cristal?

¿Qué será de las flores sin regar?

¿Quién dará su calor al jardín que prometimos amar?

Ambos sabemos crear mundos nuevos,

pero si te vas, ¿con quién los habitaré?

Si no puedes esperar un poco más,

¿qué será de las flores sin regar?

No me dejes atrás, prisionera de tu felicidad.

No cruces sola ese boulevard.

El eco de tus pasos golpea mi pecho,

y la noche se viste de luto en silencio.

Tus ojos, un reflejo de cielos que no volveré a mirar,

tus manos, la promesa de un mañana que no puedo alcanzar.

Rompe mis huesos si es lo que deseas,

nubla mi vista si es tu decisión,

toma mi alma y mi voluntad,

pero dime, ¿qué será de las flores sin regar?

Las calles vacías murmuran tu nombre,

los faroles se inclinan para verte pasar.

Mi voz, una sombra que intenta alcanzarte,

mi amor, un río que no deja de llorar.

Quédate un momento más, no cierres la puerta,

hay cielos por pintar, hay sueños que esperan.

Si me dejas atrás, si decides marchar,

¿qué será de las flores sin regar?

Mis manos tiemblan al rozar la ausencia,

y mi pecho se llena de invierno sin final.

Tú eras la primavera que soñaba mi alma,

la canción que daba vida a mi andar.

No me dejes atrás, prisionera de tu felicidad.

No cruces solo ese boulevard.

Déjame cuidar las flores, déjame soñar,

porque sin ti, cariño, no sé qué será de las flores sin regar.

MICAELA

Ella nació con un cielo entre los párpados,

un horizonte de verdes y grises que bailaban en sus ojos,

como si el mundo entero se hubiera refugiado en ellos

para escapar de la monotonía de los días.

Sus cabellos, dorados como el sol de invierno,

se deslizaban sobre sus hombros

como ríos de luz buscando tocar la eternidad.

Ella vestía de azul, siempre azul,

el color de los sueños, de las palabras que nunca dijo,

del mar que jamás vio pero que escuchaba en su corazón.

Caminaba por los rincones del tiempo

con una mirada que transformaba lo pequeño en inmenso.

Veía el universo en el rocío de las hojas,

las estrellas en las bombillas parpadeantes de las calles,

y el eco de los planetas en la estática de la radio,

su fiel compañera.

En las noches, cuando la ciudad dormía,

Se sentaba a escuchar los susurros de las ondas,

como si cada canción y cada voz

fueran mensajes de un mundo que le prometía

lo que nunca tendría.

Soñaba con escenarios llenos luz,

con libros que llevaban su nombre,

con vestidos que danzaban bajo lunas extranjeras.

Pero el tiempo, cruel tejedor,

construyó muros alrededor de su alma.

La época le negó las alas,

y las ambiciones que guardaba en el pecho

se convirtieron en aves enjauladas.

Sin embargo, su corazón noble nunca dejó de brillar.

Era amable con las sombras

que intentaban robarle el resplandor.

Poco a poco, la magia que

veía en el mundo

empezó a consumirla.

Cada flor que brotaba en las grietas del asfalto

le robaba un fragmento de su alma.

Cada atardecer que pintaba el cielo de oro y fuego

la dejaba más ligera, más transparente.

Se entregó tanto a la belleza de los detalles,

a los mundos que inventaba en las esquinas de lo cotidiano,

que su corazón se fue llenando de un azul tan profundo

que terminó por desbordarse.

Una noche, mientras la radio susurraba una melodía lejana,

Ella cerró los ojos y desapareció.

No murió, no;

se transformó en los colores que amaba,

en las luces que bailan en las gotas de lluvia

en el murmullo que se cuela en los sueños de los solitarios.

Dicen que, si prestas atención,

puedes verla reflejada en el cristal de las ventanas,

sonriendo desde el borde de un mundo que sólo ella conoció.

Micaela no fue olvidada,

porque dejó su magia en el aire,

como un perfume etéreo que nunca se desvanece.

Y aunque su corazón se consumió en su propio fuego,

el resplandor de su visión

ilumina todavía los lugares donde nadie mira.

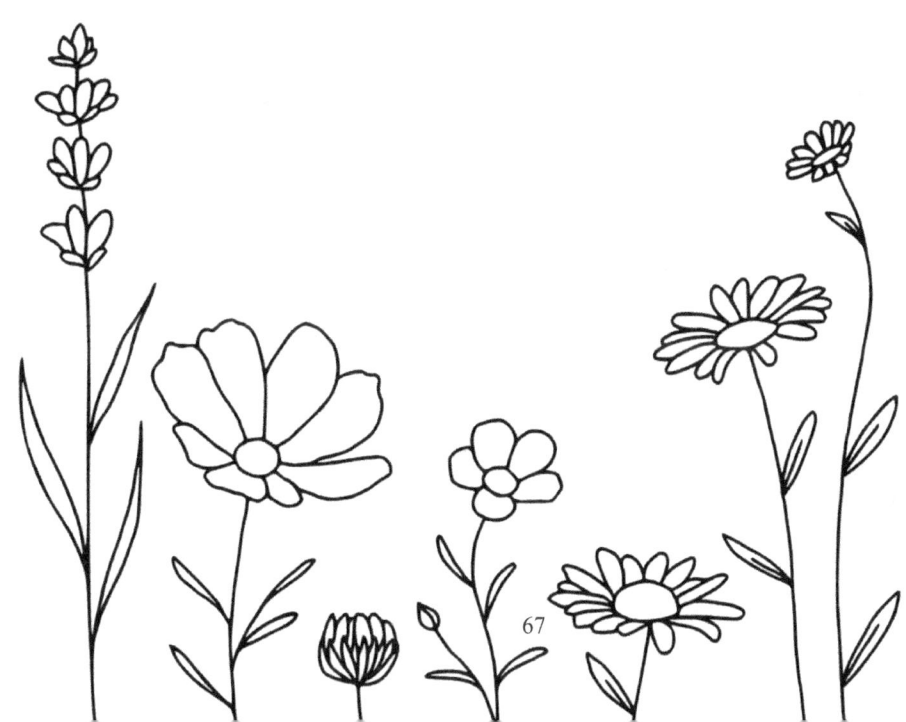

IRIDISCENTE

Mis colores valen.

Mis encajes y tules también.

El glitter iridiscente de mis ojos,

las manchas de café en mi piel.

Mis muletillas torpes,

las palabras que tropiezan al salir,

mi temperamento arisco,

mi fría lejanía.

Todo aquello que soy,

todo vale.

¿Por qué habría de encogerme,

de apretarme para caber

en un mundo que nunca fue mi medida?

Soy polvo estelar,

todas las flores en un solo pétalo.

Soy onírica, pura, ilógica,

irremediablemente inentendible.

Soy, soy, soy.

Existo, persisto,

me desdoblo y vuelvo a reír.

Me transmuto y renazco.

¡Qué maravilla es volver a ser yo!

El poseerme con tanta libertad,

el abrazar mis bordes y mis vértices.

Soy el viento:

cambiante, fluido, fuerte, suave,

arrebatador y frío, reconfortante y romántico.

Soy el roce alegre que besa mejillas soñadoras,

la risa que levanta vestidos de tul en danzas fugaces.

Estoy ahí, moviendo rizos en niñas que sueñan,

empujando columpios solitarios,

dando alas a quienes corren por la calle

en busca de su propia libertad.

Soy libertad.

Me niego a verme otra vez

bajo ojos que no sean los míos,

estos ojos que hoy, al fin,

me contemplan con amor infinito,

incondicional.

Gracias por prestarme tu nombre,

tu cuerpo, tu vida, tus cicatrices.

Hoy, me comprometo:

te cuido, te celebro,

te hago mi refugio.

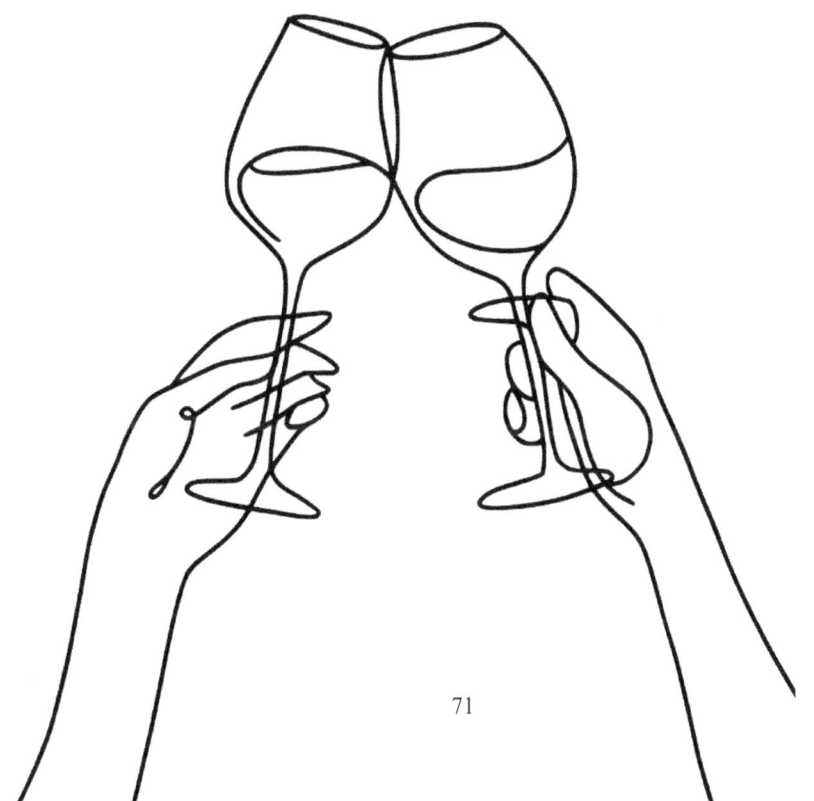

ARENA, POLVO Y SILENCIO

Estar aquí me obliga a mirarme:

adormecida, varada en medio de una tormenta de arena.

Mis pies pesan, anclados al suelo;

el cuerpo se enfría, los ojos se nublan,

pues mis pestañas, tan breves, no logran resguardarme.

Sin embargo, hay una paz insólita en este abandono,

en no ser más expectante de las miradas que perforan,

de las palabras que me hunden una vez más,

haciéndome parte del polvo.

Podría decir incluso que es dulce,

este apagarse lento,

como si la arena que se filtra en mis oídos

susurrara al corazón un arrullo desgarrado.

Camino, adormecida, por pasillos sin fin,

donde nuestras sombras se encontrarán.

Es un consuelo extraño,

estar inmersa en mí misma,

enraizada en mis oníricas palabras,

atada a estos zapatos amarillos que me sostienen,

mientras el silencio de mi boca pesa,

y el ruido de mi mente crece como un torrente.

Los audífonos, mi último refugio,

me envuelven en su abrazo doloso,

y me abandono, envuelta en sus ecos,

en el ruido que ya no busca respuestas.

Y ahí, en medio del vendaval,

la tormenta deja de ser hostil.

Las arenas se tornan ligeras,

acarician mi rostro como manos de un tiempo perdido.

Siento que, al fin, puedo descansar,

que el peso en mis pies no es una cárcel,

sino raíces que me devuelven a la tierra,

a un lugar donde las voces se apagan,

y solo queda el susurro del viento,

cantándole un poema que nunca termina.

MESH

A menudo me pregunto si mi sensibilidad,

podrá algún día cesar con el paso del tiempo,

pues no es disfrutable...

ser alguien tan sensible, con formas de comunicación

y conexiones atípicas,

que te relegan a la inmediatez,

a la oportunidad de ser parte de algo,

de sentirte incluida en este mundo increíble.

Pero al final, esa opción se desvanece,

es como ser actor en una obra que ya conoces,

sabes lo que ocurrirá,

crees conocer los diálogos y los pasos,

pero al llegar a la escena,

el tiempo no parece sincronizado,

los pies no son claros.

Y te dedicas a correr tras la luz,

tras los demás actores,

queriendo compartir los diálogos

que llevas días aprendiendo.

Pero al final, no eres parte de la obra,

aunque estés en ella.

Así es vivir siendo sensible en un mundo atípico,

parece que no perteneces a la vida que vives.

Mesh.

Y aunque no entiendas el porqué,

solo te limitas a esperar…

Viviendo intensamente,

sin poder compartir esa emoción

tan aberrantemente encantadora,

mientras el silencio ensordecedor

que te regala el viento de noviembre

es el único que sabe hablarte.

¿Por qué es tan difícil hablarme,

sí hay tanto que podría compartir?

Debo ser como el pan de anís,

no a todos les gusta,

aunque es peculiar,

es suave, no muy dulce ni salado…

Y con el acompañamiento adecuado,

podría volverse algo inigualable al paladar

Me analizo, me escucho,

me veo, me siento, me describo,

me reinvento, me transmuto,

y me encuentro real, transparente.

Transparente…

¿Será por eso que no me ven?

¿Será por eso que no me escogen?

Qué incoherencias del mundo,

que elige mochilas transparentes,

lentes de colores con transparencia,

y telas que traslucen…

pero no una persona transparente.

Mesh.

De igual forma es metafórico,

no es que mis vísceras estén expuestas,

ni que se vea la mucosidad entre mis pulmones,

hablo del sentimiento de ser,

de sentir y de estar.

¿Por qué no?

¿Por qué los libros con tantas palabras

son agobiantes, si yo uso tantas palabras?

Porque la verdad es subjetiva,

y solo vivo a través de mi verdad.

Porque amar no es poseer,

y siendo tan "aire",

no poseo a nadie,

y nadie me posee.

Porque según los italianos,

el capuchino solo se sirve antes de las 10.

Porque tomé prestado un nombre

de una mujer que murió

en la eterna agonía del control y la belleza...

una que nunca alcanzó,

ante sus ojos, ante su verdad,

su aroma de anís,

las palabras de su voz,

su transparencia entre piel y huesos.

Murió en febrero.

Yo nací en febrero también.

Hay un millón de teorías que habitan en mí,

ofreciendo respuestas al "¿Por qué no?"

Mas siendo indecisa y etérea,

ninguna se concreta.

Sin embargo, muero por saber,

algún día, la respuesta al "¿Por qué sí?"

Vivo en esta ilusión,

esperando que el "no",

con todo lo que arrastra tras de sí,

me deje finalmente llegar.

MI PRIETA

Eras el murmullo suave de la mañana,

el susurro de las hojas que acarician el patio,

la sombra generosa de la parra,

y el aroma dulce del naranjo en flor.

Tus manos, siempre vestidas de trabajo y ternura,

cuidaban la vida como quien guarda un secreto,

y bajo el mandil que te abrazaba como un viejo amigo,

tu corazón latía con la fuerza de doce estrellas.

Dicen que nunca te enojaste,

que tus ojos tristes eran como lagos callados,

donde el mundo deposita sus tormentas.

Pero detrás de esa melancolía que acariciaba tu mirada,

había una luz que no se apagaba,

un amor tan vasto como el cielo,

tan profundo como las raíces de la parra en tu patio.

"Mi Prieta", te llamaba él,

con una ternura que florecía entre las tapias.

Y tú, siempre con una sonrisa suave,

respondías como el sol que asoma tras la lluvia,

con una presencia que nunca exigía,

pero que iluminaba cada rincón de la casa.

Las teresitas crecían para ti,

se inclinaban hacia tus manos,

como si supieran que en tu alma

habitaba la misma esencia que ellas:

frágil, hermosa, llena de vida.

Y el patio, tu reino silencioso,

era un mosaico de amor,

donde los hijos corrían, las risas volaban,

y la historia se tejía en los hilos de tus días.

Nunca hubo rincón que no llevara tu marca,

nunca hubo corazón que no se llenará con tu luz.

Eras la madre que multiplicaba la ternura,

la abuela que sembraba recuerdos

y cosechaba eternidades.

Ahora, cuando miro las teresas,

cuando el aire huele a naranjo y el viento

pasa como un susurro entre las parras,

sé que sigues ahí.

En el mandil que nunca abandonaste,

en las risas que diste,

en los abrazos que tejiste con amor eterno.

Eras luz, amor, y la vida misma,

un faro en medio de nuestras noches,

y aunque el tiempo haya cerrado tus ojos,

tu brillo jamás se apaga.

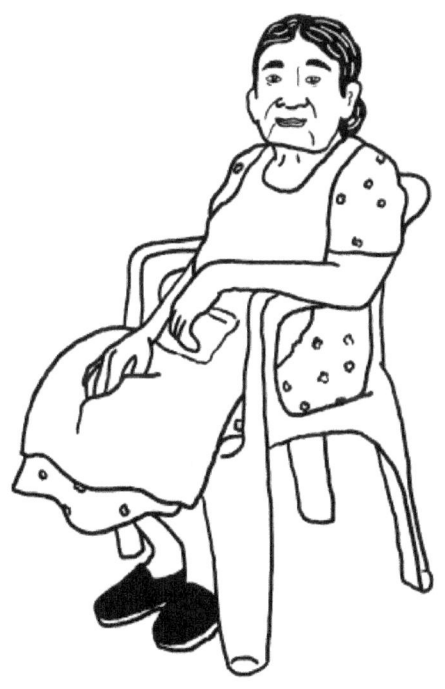

AGRADECIMIENTOS

Agradezco profundamente a la vida, por permitirme ser quien soy, por regalarme la posibilidad de experimentar el cotidiano con una mirada que no da nada por hecho. Mi forma de ver el mundo, de encontrar magia en lo invisible y en lo que pasa desapercibido para otros, es una bendición que abrazo con gratitud.

A mis amigos y mi familia, que siempre han sido mi refugio y mi fuerza. Ustedes son los pilares que sostienen mis sueños, mis dudas y mi inspiración. Gracias por entenderme, por acompañarme, y por darme ese espacio seguro donde puedo ser yo misma, sin máscaras, sin limitaciones.

A la gente de mi tierra querida, que me ha formado en cada rincón de sus montes, en sus colores, en sus sonidos.

Mi agradecimiento infinito a mi comunidad, que siempre me ha dado la oportunidad de compartir mi arte y mis pensamientos.

A las flores, a los árboles, a las estrellas, a todo lo que parece ser parte de lo "común" pero que esconde secretos infinitos si uno se detiene a observar.

Gracias por recordarme que hay magia en lo pequeño, en lo sencillo, en lo cotidiano.

Finalmente, mi eterna gratitud a la esperanza, esa chispa que nunca se apaga y que me empuja cada día a seguir soñando despierta, a seguir creando, a seguir creyendoen que, a pesar de todo, aún hay belleza por descubrir.

A todos ustedes, que me han acompañado de alguna forma en este viaje de creación, les dedico este poemario con el corazón abierto.

"Honro mi linaje femenino, mis bisabuelas, abuelas, mi madre por ser canal de vida y naturaleza divina, ellas que me cuidaron y llevaron de su mano."

-Carolina Perpetuo

KAREN MEDINA

www.ingramcontent.com/pod-product-compliance
Lightning Source LLC
Chambersburg PA
CBHW062333220526
45469CB00008B/2699